OBSERVATIONS

ADRESSÉES PAR LE

CONSEIL DES DÉLÉGUÉS,

OBSERVATIONS

ADRESSÉES PAR LE

CONSEIL DES DÉLÉGUÉS

A LA COMMISSION DE LA CHAMBRE DES DÉPUTÉS CHARGÉE DE
L'EXAMEN DU PROJET DE LOI SUR LES PRIVILÈGES ET
HYPOTHÈQUES, ET SUR L'EXPROPRIATION FORCÉE
DANS LES COLONIES DAMÉRIQUE.

PARIS.

IMPRIMERIE D'AD. BLONDEAU, RUE RAMEAU, 7.

1842.

OBSERVATIONS

ADRESSÉES PAR LE

CONSEIL DES DÉLÉGUÉS.

MESSIEURS,

La Chambre des Pairs, en adoptant le projet de loi sur l'expropriation forcée dans les colonies d'Amérique, a cru certainement les doter d'un bienfait. Erreur grave, selon nous; le nouveau système les menace plutôt d'abus, de dangers, de malheurs!

La loi est en effet :

Inopportune ;

Contraire à l'intérêt du créancier et à celui du débiteur ;

Nuisible à l'agriculture, à l'industrie, au commerce.

§ Ier.

La loi est inopportune.

Quel a été jusqu'à ce jour le régime hypothécaire des colonies d'Amérique?

La déclaration du Roi du 24 août 1726, autorisait le seul déguerpissement, c'est-à-dire l'action résolutoire du vendeur.

En 1684, 1724-1763, la saisie réelle fut refusée.

Le 7 novembre 1805, le Code civil fut en partie promulgué aux Antilles, mais avec des restrictions concernant l'expropriation forcée, dénomination inconnue dans l'ancienne langue du barreau, et introduite par la loi du 9 messidor an II.

Ainsi, sous le Consulat, époque d'organisation générale où ne manquaient ni la volonté, ni la force pour imprimer aux lois de la métropole toute l'extension qu'elles comportaient, on recula devant l'application immédiate de l'expropriation forcée.

La Restauration eut la même prudence.

La Guadeloupe, consultée en 1828, formula simplement un projet de séquestre judiciaire, destiné à opérer graduellement la liquidation des propriétés grevées. Il demeura sans exécution.

En 1834, les réformateurs modernes firent bien quelques tentatives ; elles échouèrent. En 1842 seront-elles plus heureuses? En d'autres termes, y a-t-il plus d'opportunité aujourd'hui?

Nulle chance de succès en fait d'innovation législative, si elle ne s'applique à un pays tranquille et prospère. Or, jamais plus de causes de perturbation ne travaillèrent les colonies.

La loi des sucres, attendue depuis six ans, est ajournée, et la loi des sucres, est pour les colonies une question de vie et de mort.

La loi du 25 juin 1841 attaque la base du système

— 8 —

financier et viole à la fois la Charte coloniale de 1833
et la Charte de 1830.

Le projet de loi sur les attributions des Conseils coloniaux, soumis récemment à une commission de la
Chambre des Députés, ne tend à rien moins qu'à dé-
truire l'institution, et en privant le colon du vote de
l'impôt, à lui ravir un droit inhérent à la qualité de
Français.

La société coloniale est menacée par d'autres projets
désorganisateurs, et l'on choisirait ce moment pour une
réforme dans les lois qui régissent la propriété ! jamais
elle ne fut plus intempestive.

La réforme proposée est d'ailleurs contraire à la nature des propriétés coloniales. Ces propriétés sont indi-
visibles : le moindre morcellement les ruinerait.

Aux colonies, un père de famille possède un domaine
de 500 mille francs non grevé d'hypothèques, il meurt
et laisse cinq enfants ; un seul garde l'héritage, chacun
des autres devient immédiatement créancier privilégié
de 100 mille francs.

En France, les cinq enfants se partageraient le bien par portions égales de 100 mille francs, libres de toute inscription.

Cet exemple explique et justifie en partie la quantité d'hypothèques qui surchargent la plupart des biens ; les autres causes sont historiques :

La révolution de 93,

L'émigration et le séquestre,

L'occupation anglaise et le bill d'embargo des États-Unis,

Les ouragans des années 1813, 17 et 22,

Les dépenses forcées pour le recrutement des ateliers et les améliorations dans l'agriculture,

La rareté du numéraire,

Et surtout la concurrence du sucre indigène.

Et c'est lorsque le colon, accablé de tant de misères à la fois, voit sa propriété lui échapper chaque jour, qu'on propose une loi qui la lui ravit d'un seul coup !

§ II.

La loi est contraire à l'intérêt du créancier et du débiteur.

Dans la métropole, quoi qu'il y ait un assez grand nombre de concurrents, l'immeuble vendu sur saisie immobilière subit une dépréciation, le prix n'atteint jamais la valeur réelle.

Aux colonies, ce prix sera relativement bien inférieur encore, à raison du défaut de capitaux, des frais de justice plus élevés, des concurrents moins nombreux et de l'incertitude même de la propriété, ébranlée dans ses bases.

Ainsi l'expropriation ne profitera qu'aux premiers inscrits, au détriment de tous les autres.

C'est là déjà une immoralité.

Quant au débiteur, il est dépouillé, sa ruine consommée; et les engagements qu'il est condamné à n'acquitter jamais la rendent éternelle. S'il a de la bonne foi, il est d'autant plus malheureux. S'il n'en a pas, il devient coupable par mille tentatives de connivence frauduleuse. Sa position est, dans tous les cas , bien plus désespérée que celle du débiteur français; celui-ci peut au moins vendre une partie de l'immeuble pour se libérer et conserver l'autre pour vivre ; celui-là est toujours condamné à l'expropriation de cette totalité indivisible.

Vainement se flatterait-on de mettre un terme à la situation des colonies et d'inspirer plus de sécurité aux prêteurs ; on ne parviendra qu'à changer la propriété de mains. Dès lors, quelle garantie pour les prêteurs dans cette transmutation, surtout quand ils verront bientôt les successeurs retomber dans le malheur de leurs devanciers ? Car, après quelques années , les mêmes causes produiront les mêmes effets.

§ III.

La loi est nuisible à l'agriculture, à l'industrie, au commerce.

Ce qui précède démontre déjà une partie de la proposition.

Livrée désormais à des mutations fréquentes, la pro-

priété perd ses chances d'amélioration même les plus
ordinaires, celles que donne l'esprit de persévérance et
de suite ; si le changement est un mal dont, jusqu'à un
certain point, on peut ailleurs mesurer l'étendue, aux
colonies il est incalculable à cause de la différence des
éléments du travail. L'influence du maître sur l'esclave s'établit avec lenteur, par degrés, à l'aide de
soins continus, d'une autorité paternelle. D'un côté,
protection affectueuse, assidue, dévouée ; de l'autre,
subordination, travail régulier, exploitation produc-
tive.

Au contraire, avec des déplacements trop souvent
répétés, le zèle languit, la négligence gagne bientôt,
l'indépendance va jusqu'au désordre, le domaine dépé-
rit ; et l'économie, qui est devenue le remède obligé de
cette décadence, s'exerce à la fois sur la nourriture, sur
les vêtements, sur les secours mêmes accordés aux
vieillards, aux enfants, aux malades. L'atelier, peuplé
naguère de bras vigoureux, n'est plus qu'une réunion
d'infirmes, de récalcitrants. Tels sont les effets inévi-
tables de ce système. Il conduit à la détérioration
morale et matérielle de l'homme, à la perte de l'agriculture et de l'industrie. Quant au commerce, ses

avances, ses capitaux sont enveloppés dans le naufrage.

Aussi, des hommes de pratique et d'expérience, MM. Gauthier, de Mackau et Persil, ont-ils demandé, les uns le rejet de la loi, les autres des ajournements plus ou moins longs. Les Conseils coloniaux de la Martinique et de la Guadeloupe consultés, l'ont repoussée ou profondément amendée, quoi qu'en ait dit M. le ministre de la justice, confondant les Conseils coloniaux avec les Conseils privés.

Les Conseils privés eux-mêmes ont eu soin de se renfermer dans un cercle tracé d'avance. On ne leur demandait point leur avis sur le principe de la loi; ils se sont expliqués sur les détails.

On cite en faveur du projet l'exemple de Bourbon et de la Guyane, où la loi d'expropriation forcée est en vigueur.

Nous nous emparons précisément de l'exemple de Bourbon et de la Guyane pour repousser l'application de l'expropriation forcée aux Antilles.

A la Guyane, il n'y a eu que quelques poursuites en

saisie immobilière annulées pour vice de procédure, en sorte que la situation est demeurée la même, sauf les frais à la charge du poursuivant.

A Bourbon, on ne compte que peu de propriétés vendues de cette manière; le résultat est celui-ci : le premier inscrit seul a été payé de sa créance ou d'une partie de sa créance, et le propriétaire dépouillé est resté insolvable vis-à-vis des autres créanciers.

Mais à l'époque de l'introduction de la saisie immobilière, il n'existait que quelques sucreries, et la divisibilité des propriétés d'une autre nature était admise et facile. Elles se sont morcelées à l'infini, se sont réduites à de petits rubans de terre de la mer à la montagne, qui ne peuvent plus alimenter le maître et l'esclave; de là un paupérisme tel que, sur une population de 50,000 libres, on compte au-delà de 20,000 mendiants.

Les propriétaires, à Bourbon, ne trouvent pas à emprunter à de meilleures conditions qu'aux Antilles; en vain offrent-ils leurs habitations pour hypothèques, on sait que la vente de ces habitations, par l'expropriation forcée, n'assurera pas le payement des créances; l'absence de numéraire, le défaut de concurrents, déterminant toujours une énorme dépréciation. Telles sont les causes qui, à Bourbon comme aux Antilles, s'opposeront toujours à la formation du crédit territorial.

Aussi à Bourbon, comme aux Antilles, les créanciers comptent bien plus sur les revenus que sur le fond pour le payement de leurs créances.

Et le taux de l'intérêt est tout aussi élevé à Bourbon et à la Guyane, où l'expropriation existe, qu'aux Antilles où elle n'existe pas.

Après le simple exposé de ces inconvénients généraux, qu'il nous soit permis de présenter quelques critiques de détail.

Art. 1er. Le délai d'un an accordé par l'art. 1er du projet, après sa promulgation, est insuffisant. Comment veut-on que, durant ce court intervalle, le propriétaire le plus actif, le plus économe, puisse prendre des arrangements avec ses créanciers, ou liquider une portion considérable de ses dettes?

L'année expirée, la loi sévira sans qu'on ait pu en prévenir les rigueurs.

Art. 2. Le projet de loi n'a pas compris parmi les créances privilégiées celles des fournitures faites au propriétaire des individus non libres, travaillant ailleurs que sur les propriétés rurales.

Est-ce que l'esclave ne doit pas exciter la même sollicitude, quelle que part qu'il soit employé, dans une usine, une manufacture, en ville comme à la campagne? Ce ne peut être qu'une omission.

Art. 3. L'intention du législateur est bonne et se devine aisément. Il reconnaît le défaut d'argent dans les colonies, et prolonge le terme du payement; mais il a oublié que, pour le quart comptant, il y a impossibilité de l'effectuer.

Quant à la caution exigée pour les termes non payés, c'est encore une illusion du législateur, car on n'en trouvera pas. Quel est le propriétaire qui consentira à cautionner un immeuble, lorsqu'il sait que par la revente ou par la folle enchère, l'immeuble pourra n'être adjugé qu'au quart ou au cinquième de sa valeur?

Combien d'ailleurs trouvera-t-on de propriétaires

ayant des propriétés libres, et pouvant cautionner?

Il faudrait donc une caution de la caution.

Le Conseil passe sous silence les articles 4, 5, 6, 7, qui contiennent des dispositions d'un intérêt secondaire, pour arriver à l'art. 8, ainsi conçu :

« A dater de la promulgation de la présente loi, il est interdit aux propriétaires, dans les colonies françaises, de distraire, par donation, vente ou autre mode d'aliénation séparée de l'immeuble, les personnes non libres qui sont inscrites dans les recencements ou dénombrements de celles des propriétés rurales qui sont grevées d'hypothèques ou de priviléges spéciaux sur les immeubles, etc. »

Cet article est d'une grande importance; il touche à l'organisation de la société coloniale. Et, le croirait-on? il n'a pas été soumis aux Conseils coloniaux; il ne faisait pas partie du projet sur lequel les Conseils coloniaux de la Guadeloupe et de la Martinique ont été consultés en 1835 et 1836.

Quant au Conseil des délégués, M. le ministre de la marine et des colonies n'a pas demandé son avis.

Cet avis était d'autant plus nécessaire que l'art. 8 modifie profondément la législation coloniale.

Le plus grand nombre des personnes non libres étant attachées à l'exploitation des propriétés rurales, et la plupart des propriétés, pour ne pas dire toutes, étant plus ou moins grevées de priviléges ou d'hypothèques, on aperçoit sur le champ la portée de l'innovation proposée par le paragraphe 1er de l'art. 8, de la restriction apportée à la puissance des maîtres.

Pourquoi la présenter incidemment, à l'occasion d'une loi d'expropriation?

Elle aurait dû faire l'objet d'une loi spéciale, car elle ne tend à rien moins qu'à bouleverser le code des colonies, l'édit de 1685.

L'édit de 1685, article 44, déclare les esclaves *meubles* par leur nature, *immeubles* par destination. L'article 8 du projet a pour effet de les immobiliser à perpétuité.

Le Code des colonies autorise les maîtres à disposer des esclaves par donation, vente, etc.

Le projet de loi le leur interdit.

Voyons quelles seraient les conséquences d'une interdiction générale et absolue?

Il est peu d'habitations aux colonies qui aient un atelier trop nombreux, il en existe cependant.

Les propriétaires de ces habitations seront condamnés à les conserver.

Il arrive beaucoup plus souvent qu'une habitation n'a pas un atelier suffisamment nombreux; comment le propriétaire pourra-t-il l'augmenter? comment pourra-t-il se procurer les travailleurs qui lui manquent, s'il est interdit aux propriétaires des autres habitations de les lui céder?

Comment pourra-t-on acheter, si personne ne peut vendre?

Depuis quelques années les cafeyères disparaissent; un insecte attaque la feuille du cafeyer, sans qu'on ait pu jusqu'ici le préserver de ses atteintes; les cafeyères sont transformées en savanes (ou prairies naturelles), qui exigent un nombre moindre de travailleurs.

Il suffira d'une créance privilégiée ou hypothécaire quelconque, pour que le propriétaire ne puisse disposer des noirs inutiles et que d'autres propriétaires utiliseraient.

Un noir faible ou maladif est impropre aux travaux de la culture; la loi l'y asservit pour toujours, le maître ne peut le céder à un autre maître qui, ménageant ses forces, l'emploierait au service de sa maison.

Un noir vit en mauvaise intelligence avec le reste de l'atelier, il donne l'exemple de la paresse, de l'insubordination. Sur une autre habitation, avec un autre maître, un autre commandeur, il deviendrait peut-être un sujet sans reproche.

La loi y met obstacle.

L'article 8, contraire au droit de propriété, contraire aux intérêts de l'esclavage, dépasse le but qu'il se propose, l'intérêt des créanciers.

La législation existante suffit quand une propriété est grevée, non d'une créance quelconque, privilégiée ou hypothécaire, mais de créances importantes, quand la solvabilité du débiteur devient douteuse, quand son administration inspire des craintes sérieuses ; les créanciers ont recours aux tribunaux, les tribunaux examinent, et s'il y a lieu, prononcent *un jugement de défense de vendre et aliéner tous les meubles dépendants d'une habitation.*

Ces jugements ne sont pas rares aux colonies ; mais ils ne sont rendus que quand des circonstances impérieuses l'exigent.

L'article 8 convertirait l'exception en règle. Tous les propriétaires, ou du moins la plupart, seraient paralysés dans l'exercice de leur droit de propriété, à leur grand préjudice et sans nécessité pour leurs créanciers.

L'article 8 doit donc être supprimé comme inutile autant que dangereux.

Le Conseil proposerait un article additionnel ainsi conçu :

« Si le débiteur justifie que le revenu net et libre de ses immeubles pendant *cinq années* suffit pour le paiement de la dette en capital, intérêts et frais, et s'il en offre la délégation au créancier, la poursuite pourra être suspendue par les juges , sauf à être reprise s'il survenait quelque opposition ou obstacle au paiement. »

L'article additionnel est emprunté à l'article 2212 du Code civil. Il avait été proposé, du moins en partie, par une commission dans laquelle figuraient des hommes d'une grande autorité.

M. le rapporteur, à la Chambre des pairs, l'a combattu par deux raisons ; la première, c'est que le débiteur, suivant le Code civil , doit établir l'importance de son revenu par des *baux authentiques*, et qu'aux colonies il n'y a pas de baux. Mais en l'absence de baux, on peut facilement recourir à l'expertise ou à tout autre mode de preuves (1).

La seconde raison donnée par M. le rapporteur, c'est que la commission qui proposait une disposition analogue, voulait retarder l'émancipation des noirs ; le Conseil répond que ce n'est pas là un motif de réprobation, et espère que la Chambre préférera la sage lenteur, la prudente circonspection d'une commission pré-

(1) Le nombre de barriques de sucre produites sur chaque habitation est connu, et détermine d'une manière précise l'importance du revenu.

sidée par M. Zangiacomi, et où siégeait M. Laplagne-Barris, à l'impatience de M. le rapporteur.

Le Code civil accorde un sursis d'un an au débiteur.

L'article additionnel proposé par le Conseil , un sursis de cinq ans.

Si la commission adoptait les modifications importantes que le Conseil a l'honneur de lui proposer ; le projet serait sans doute moins désastreux dans ses conséquences , mais il serait encore plus nuisible qu'utile , et nous persisterions à en demander le rejet.

Dans tous les cas , il ne saurait avoir d'effet rétroactif.

Les engagements mutuels ont été contractés sur la foi de l'ancienne législation.

Le propriétaire et le commerçant, les membres d'une même famille , le prêteur et l'emprunteur , savaient tous à quelles conditions ils s'engagaient les uns vis-à-vis des autres ; changer aujourd'hui ces conditions, en établir de meilleures au profit des uns au détriment des autres , serait une criante injustice.

Nous avons l'honneur d'être avec une très haute considération,

Messieurs,
Vos très humbles et très obéissants serviteur,

Baron CHARLES DUPIN, pair de France,
Président du Conseil des délégués.

JOLLIVET, député,
Délégué de la Martinique.

DESMIRAIL,
Délégué de la Guadeloupe.

Comte A. de CHAZELLES,
Délégué de la Guadeloupe.

DÉJEAN DELABATHIE,
Délégué de Bourbon.

FAVART,
Délégué de la Guiane.

Paris, le 14 avril 1842.

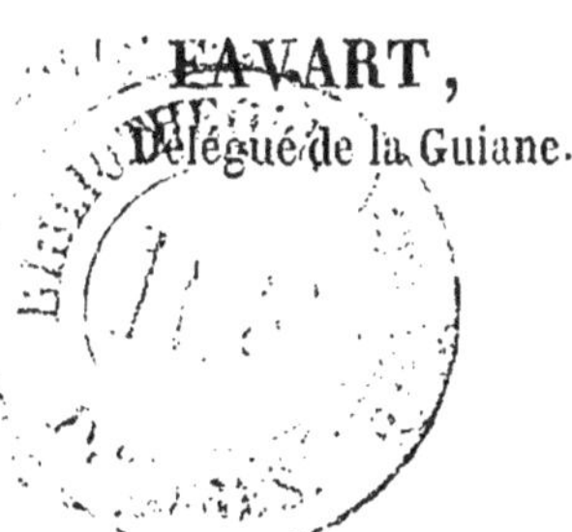